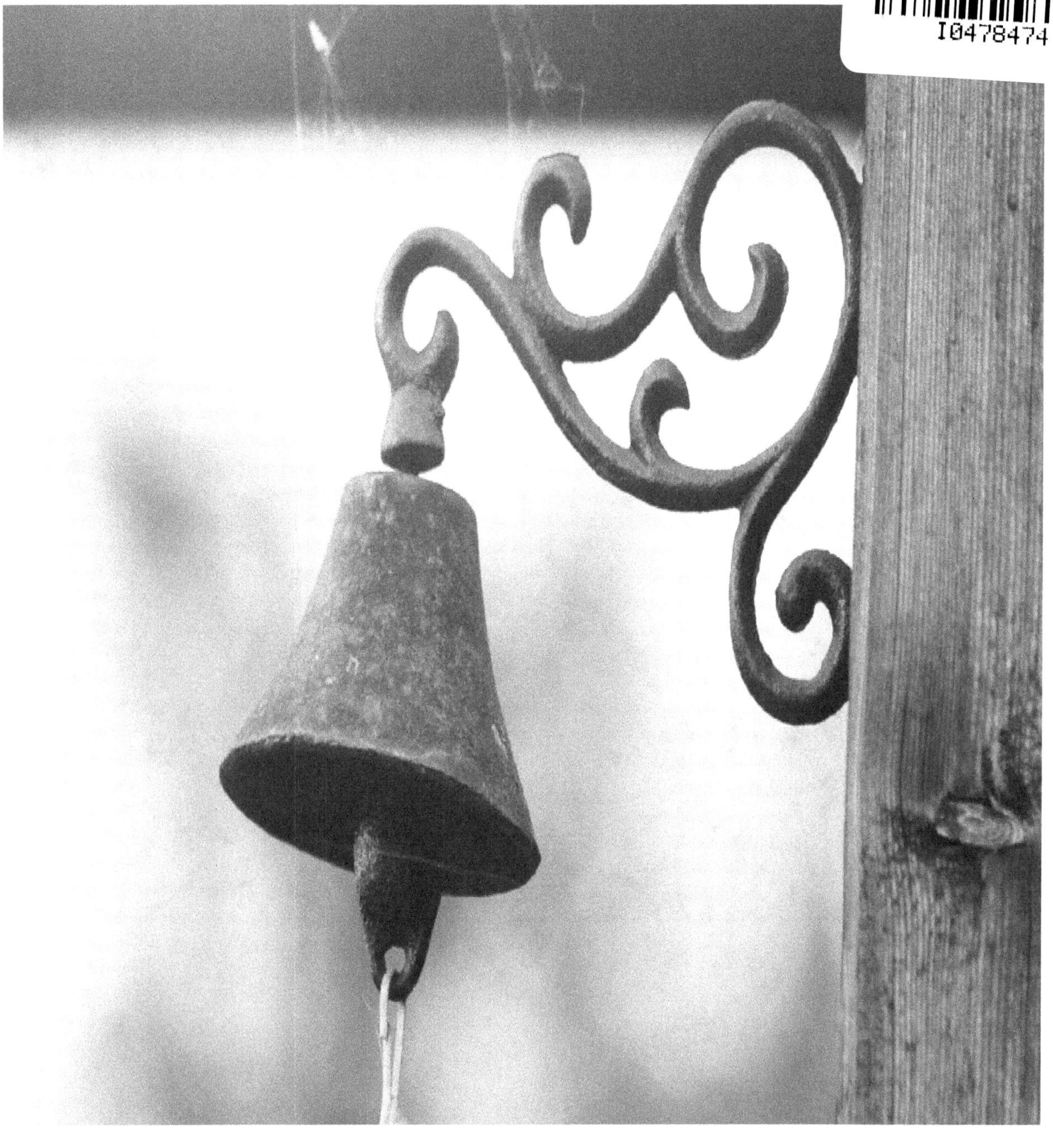

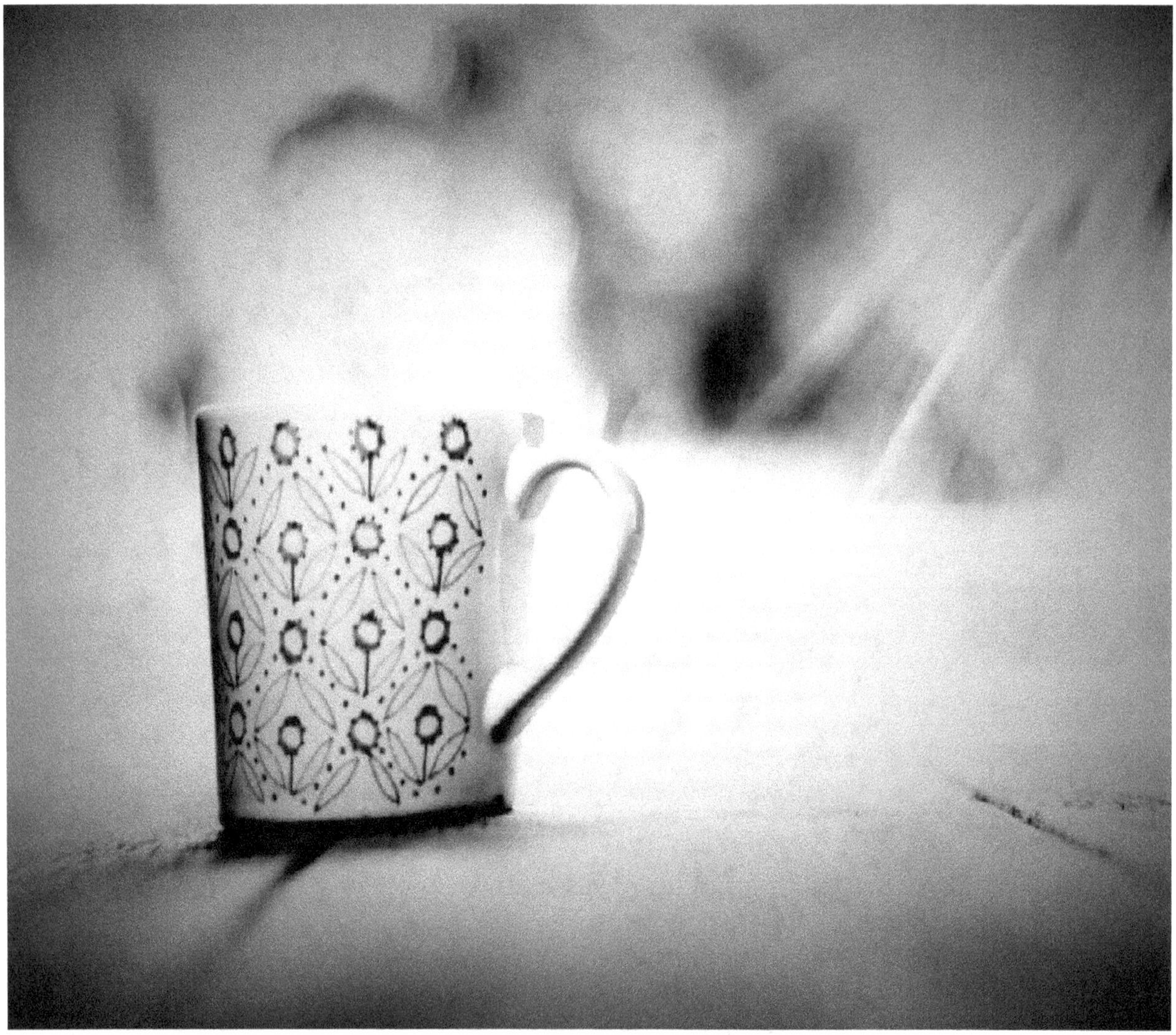

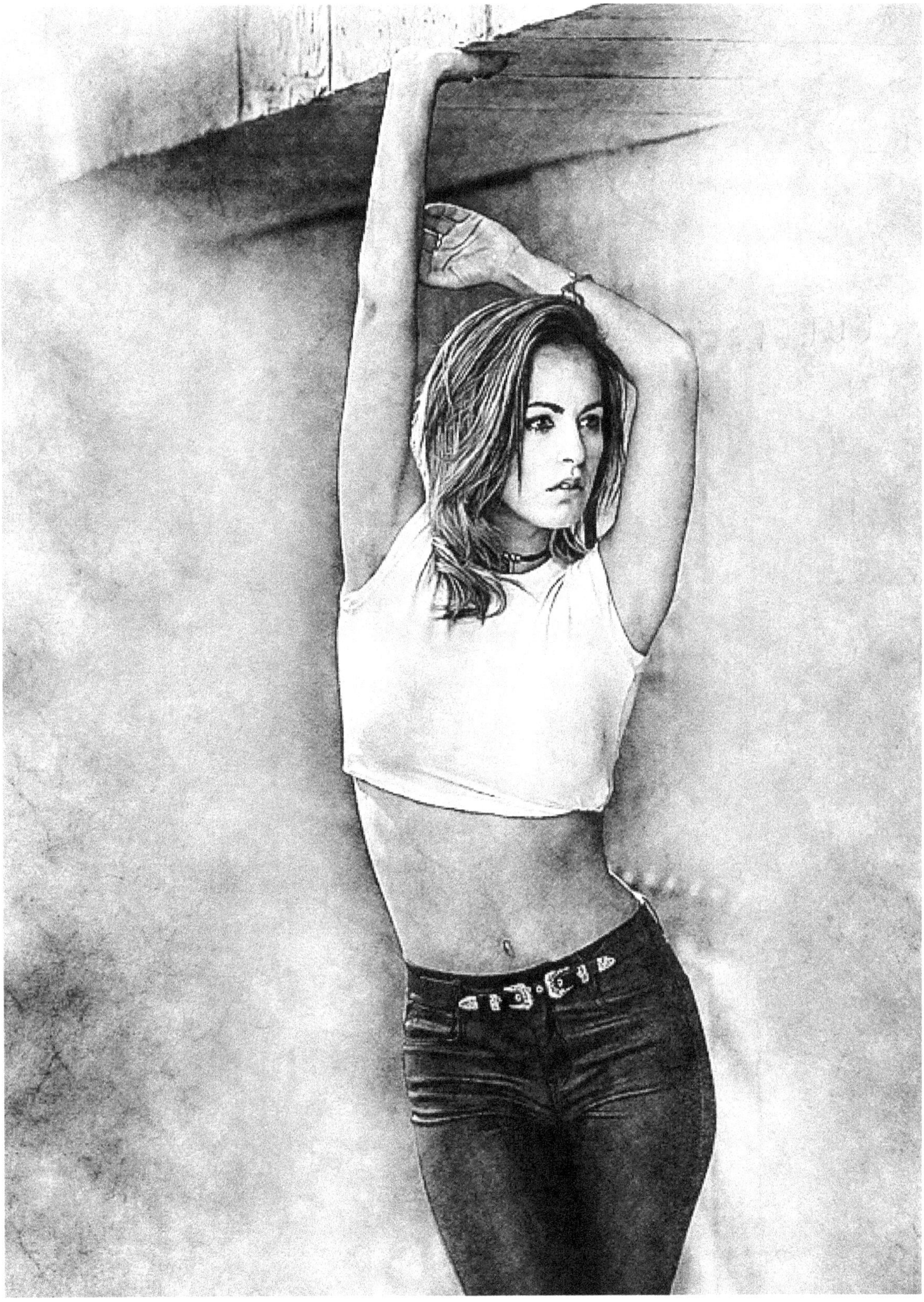

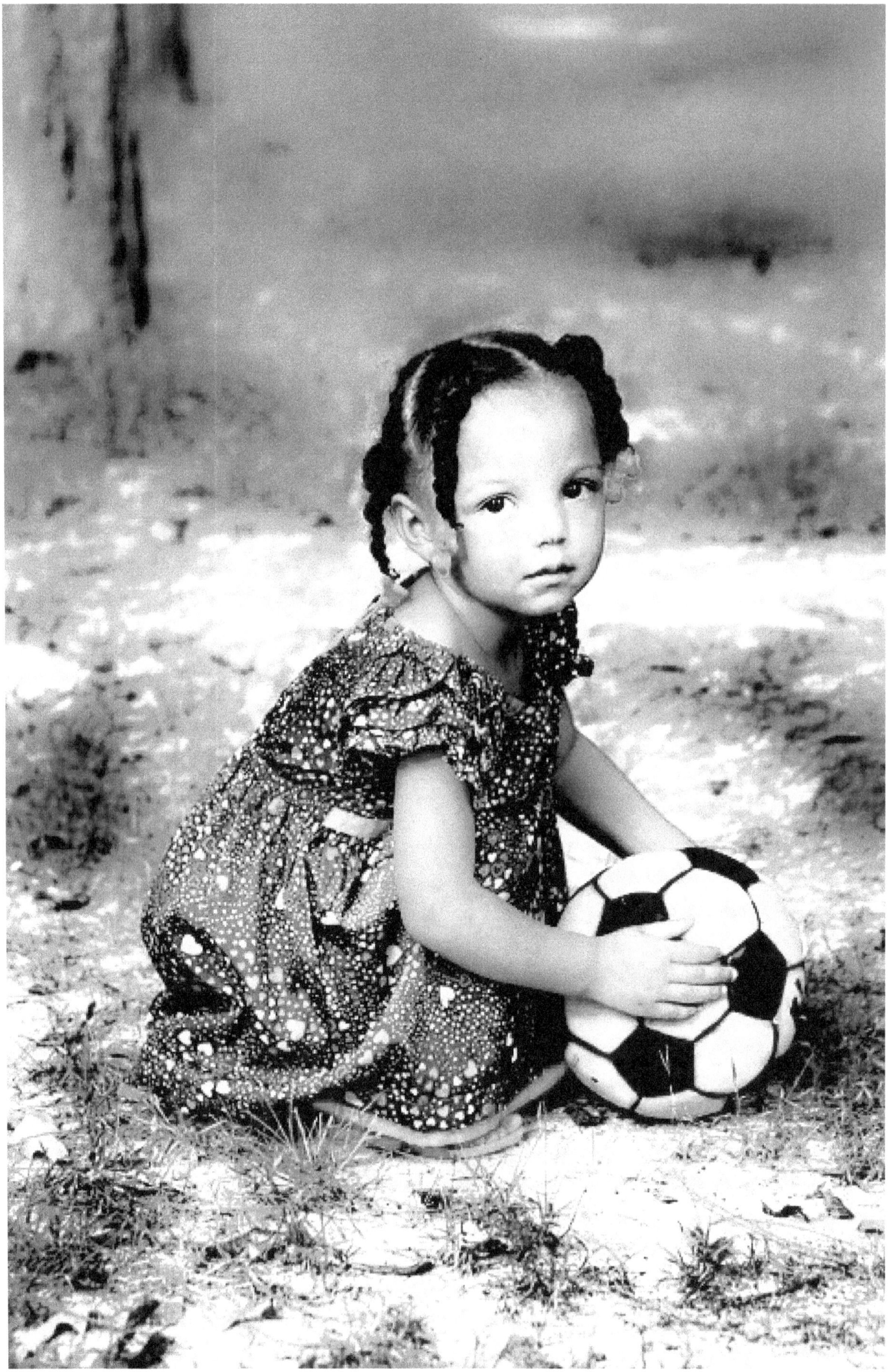

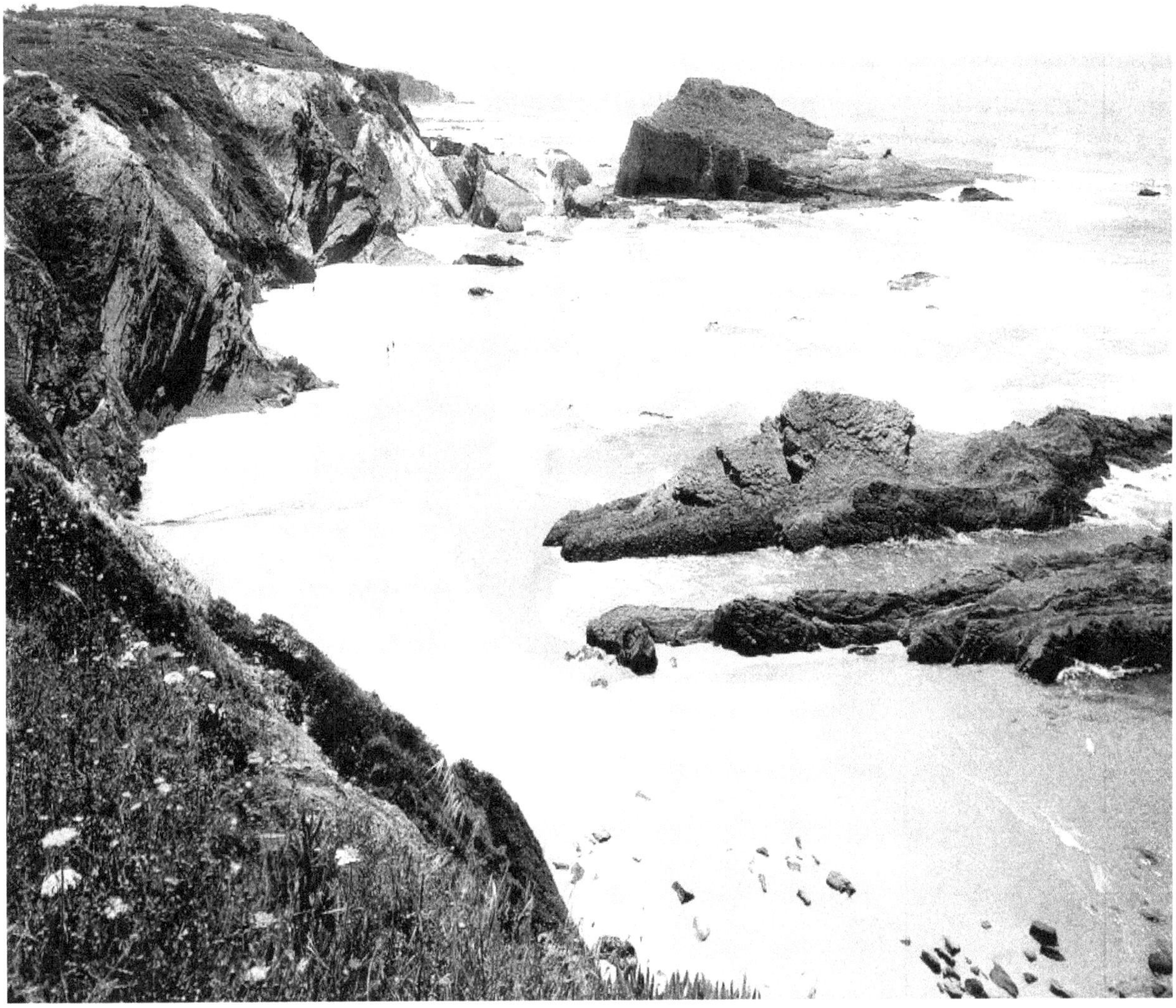

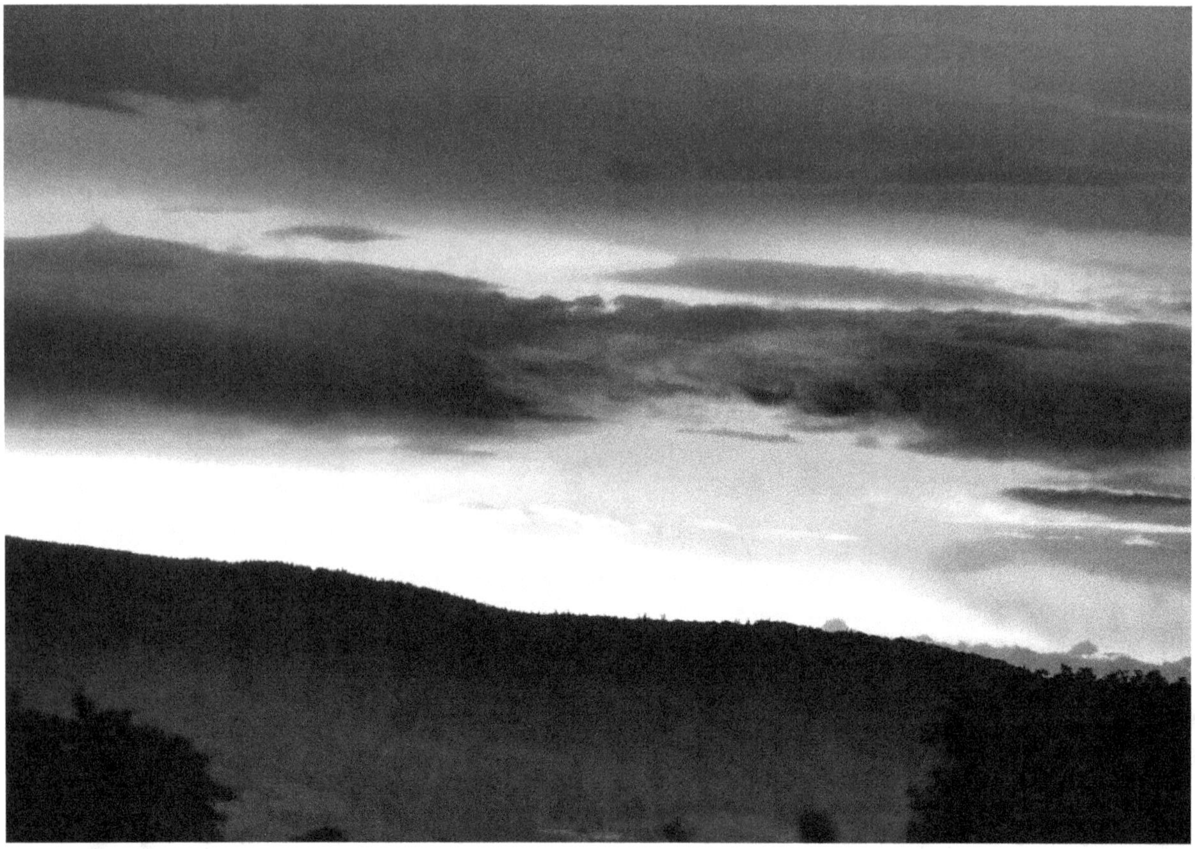

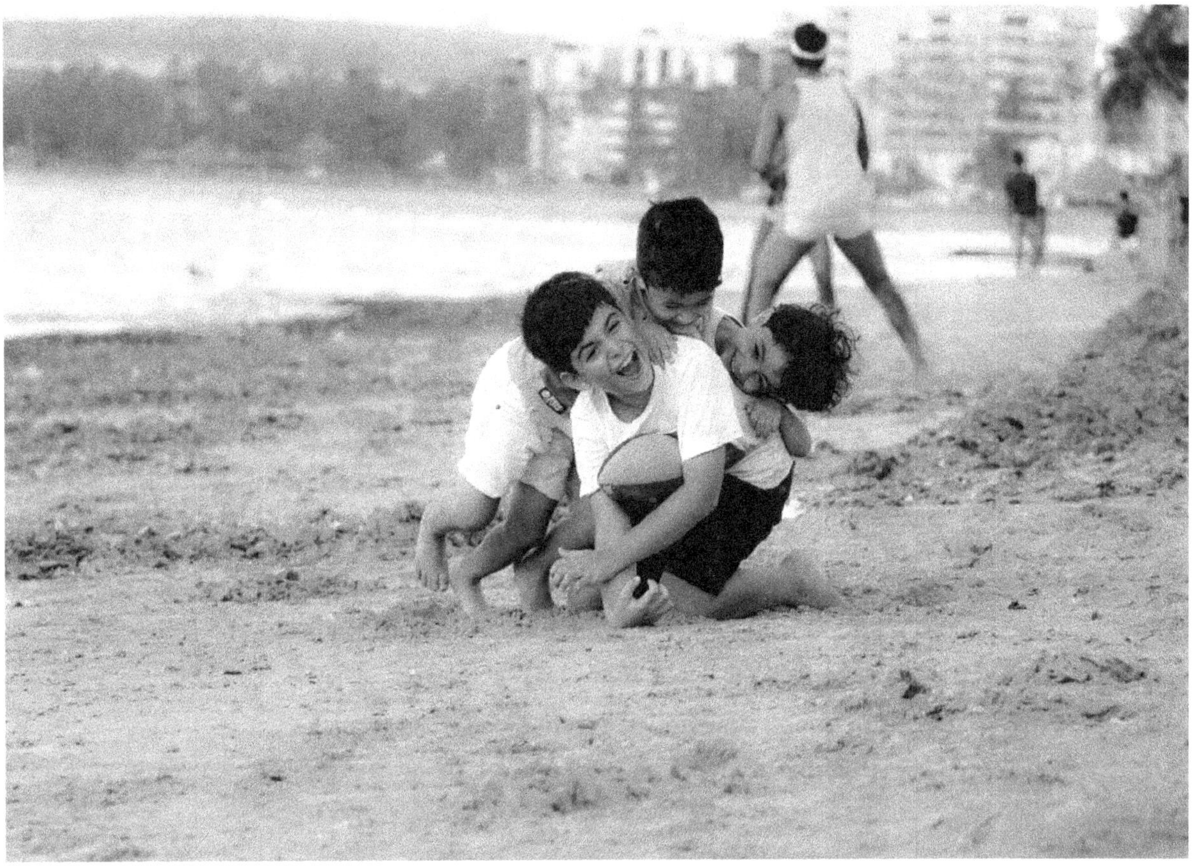

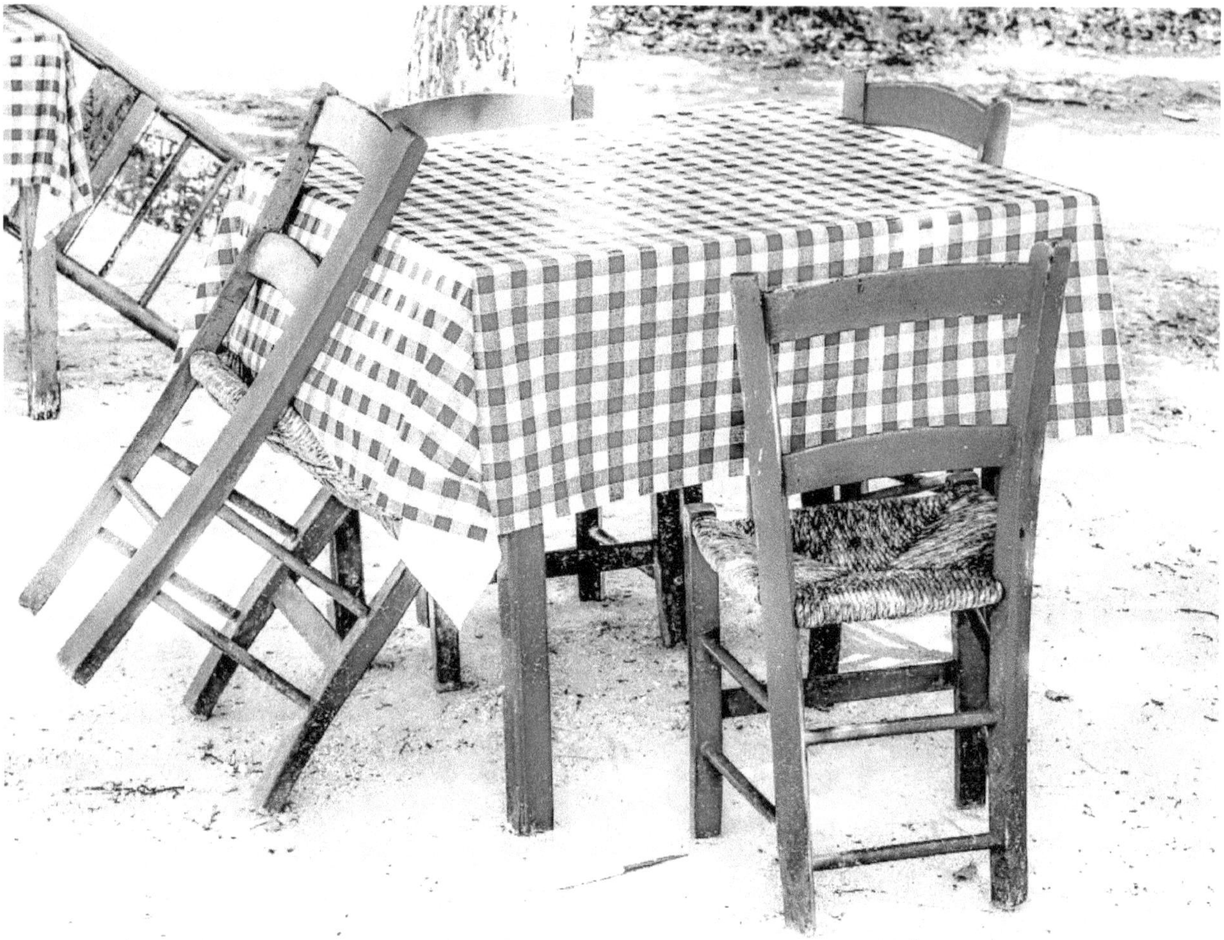

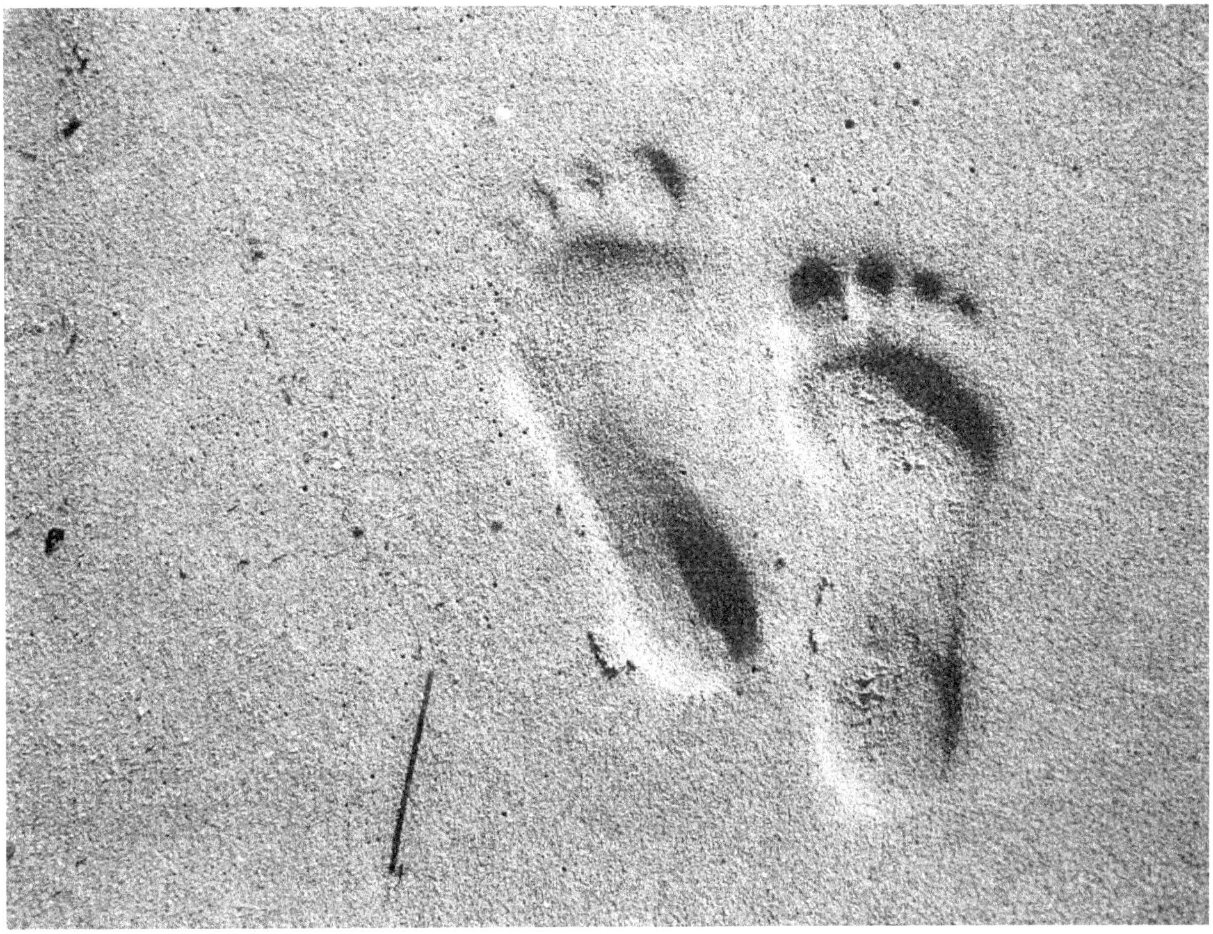

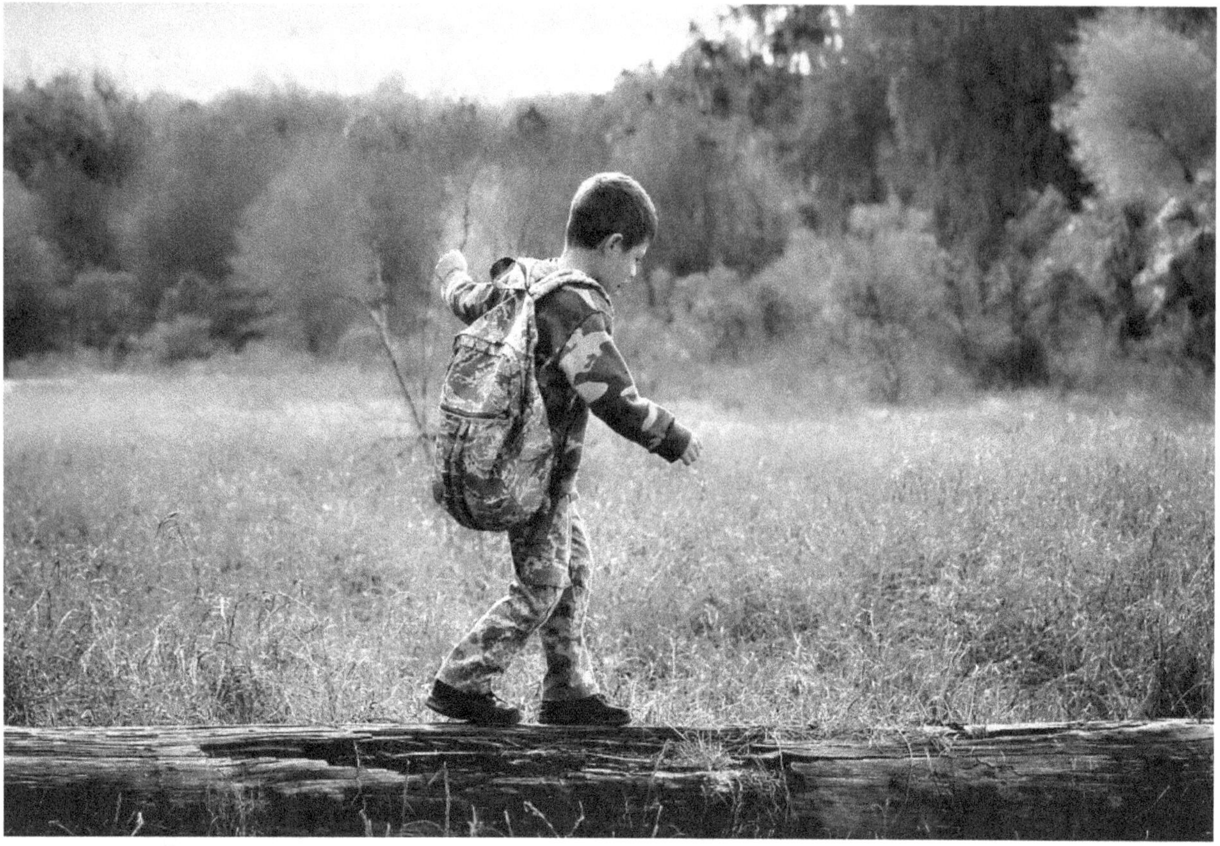

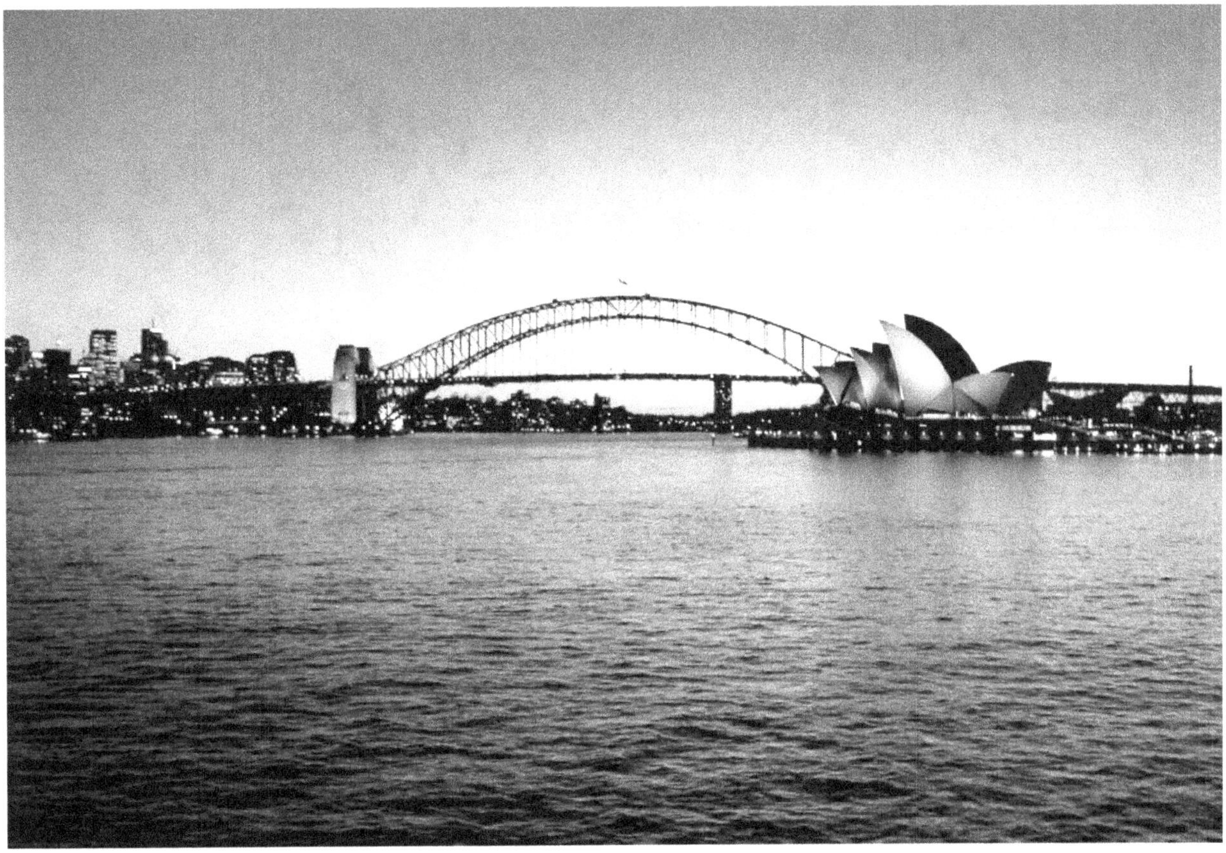

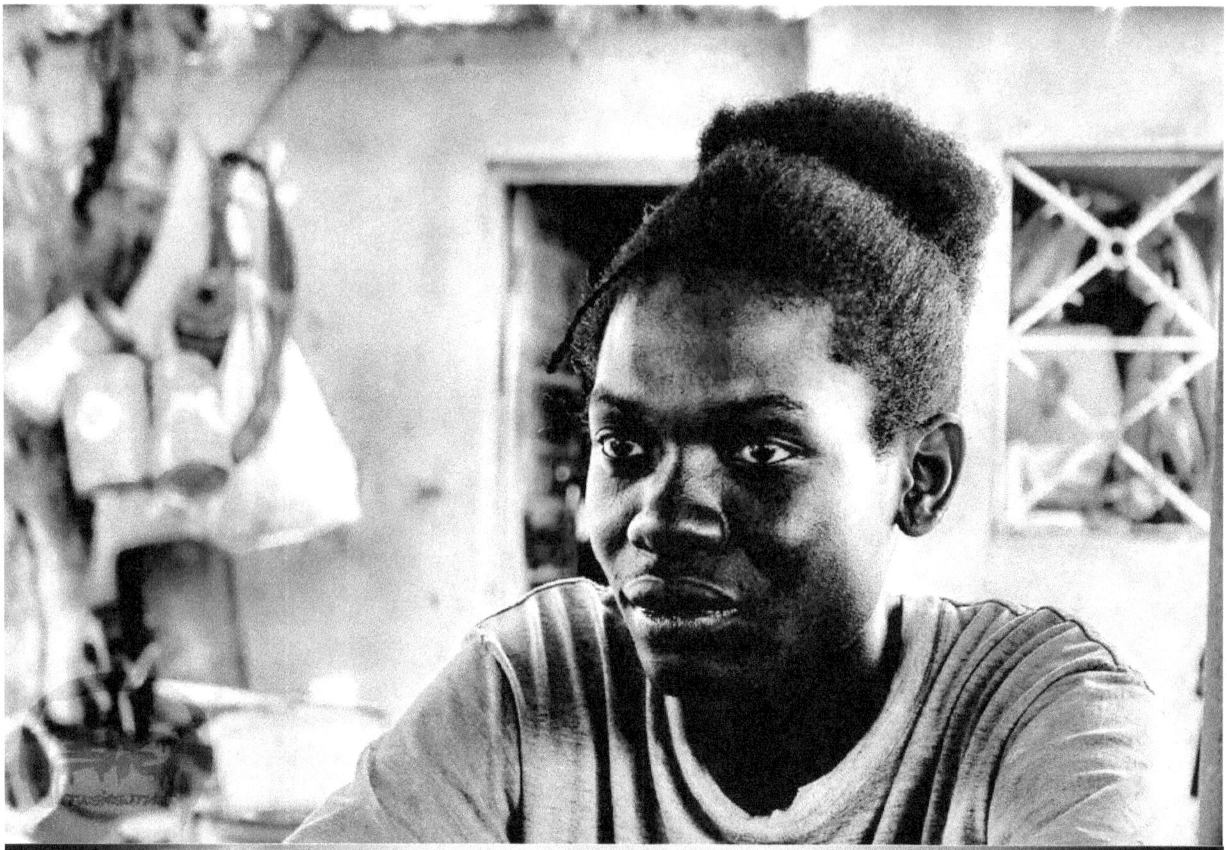

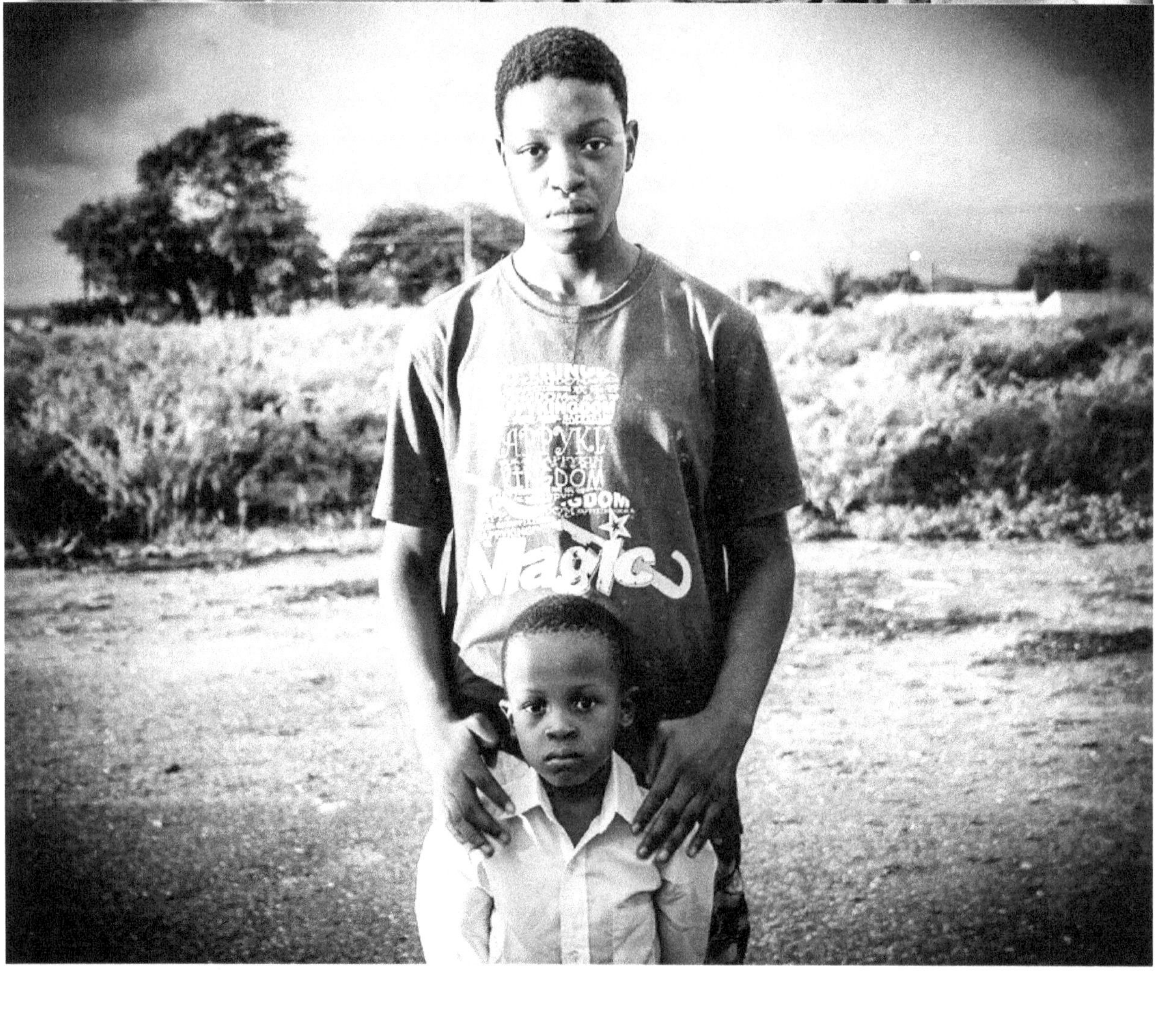
Magic

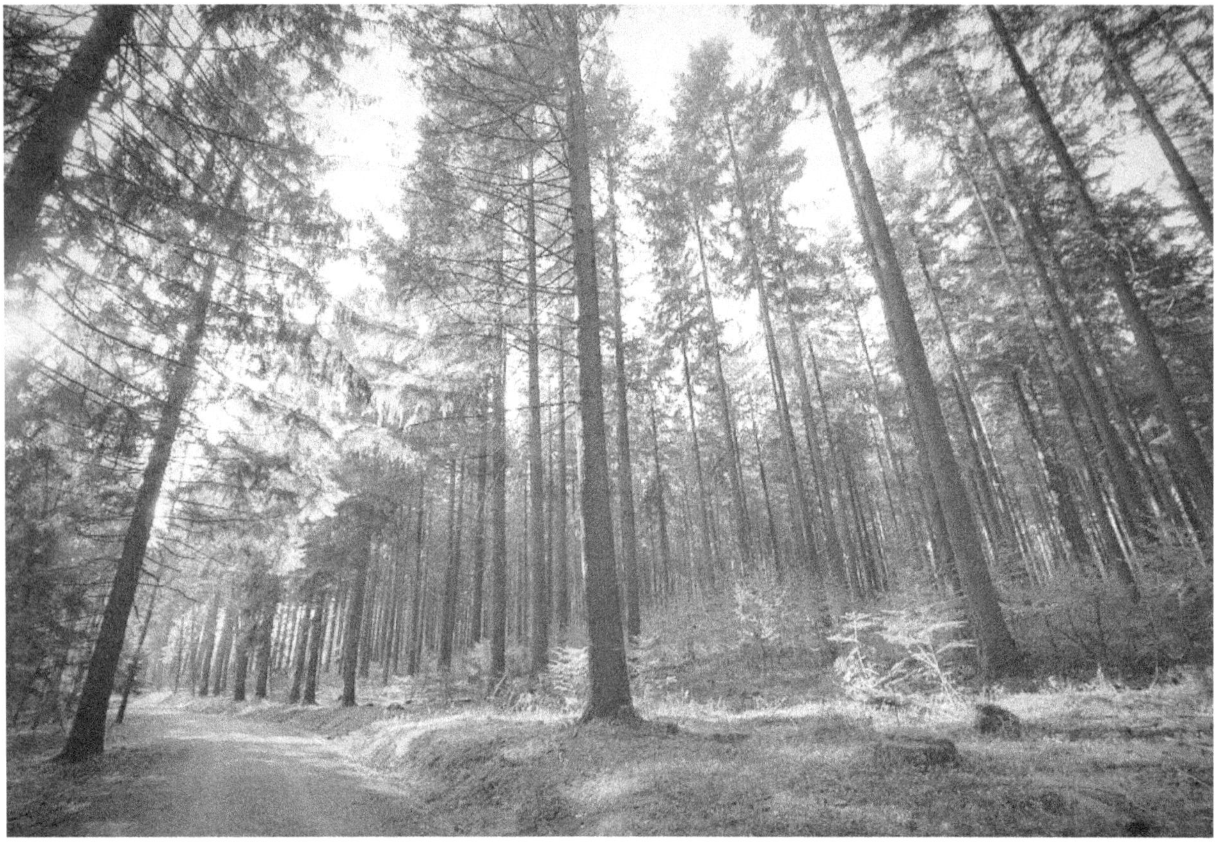

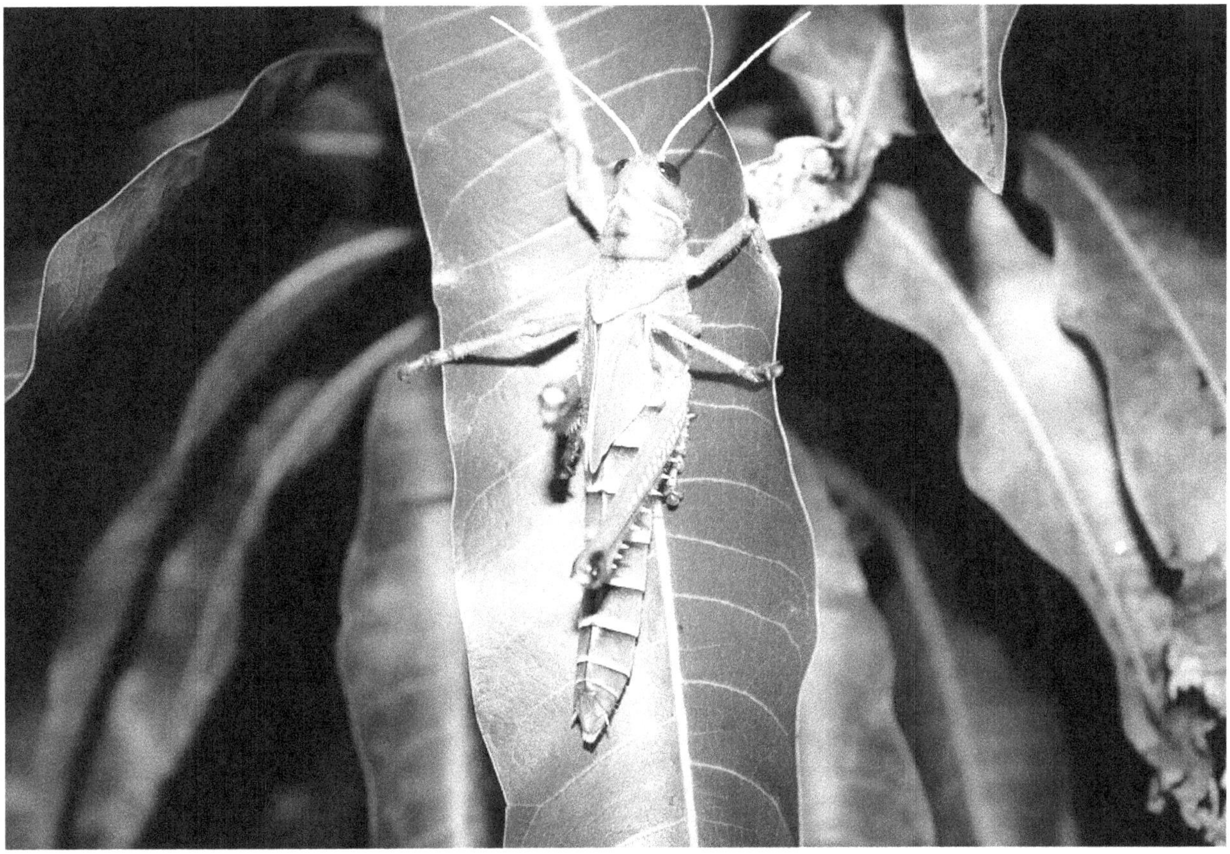

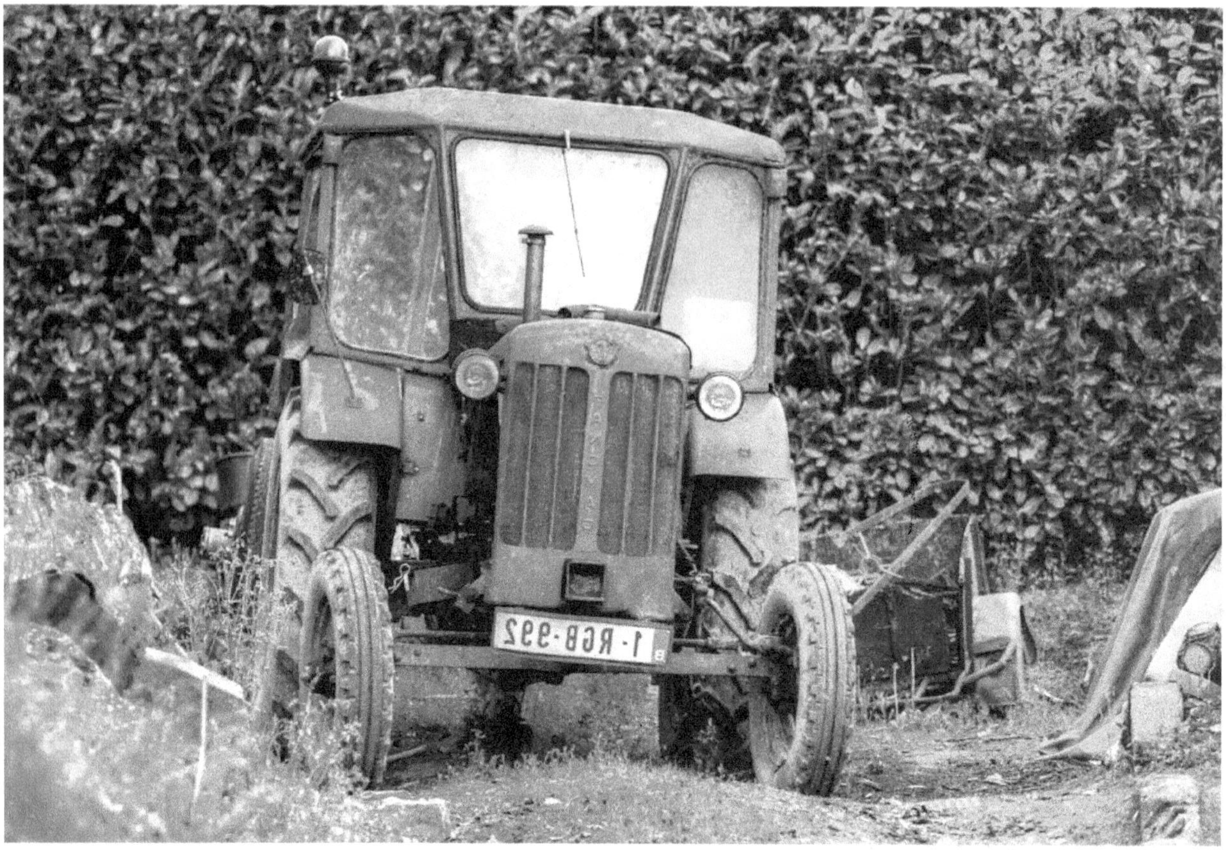

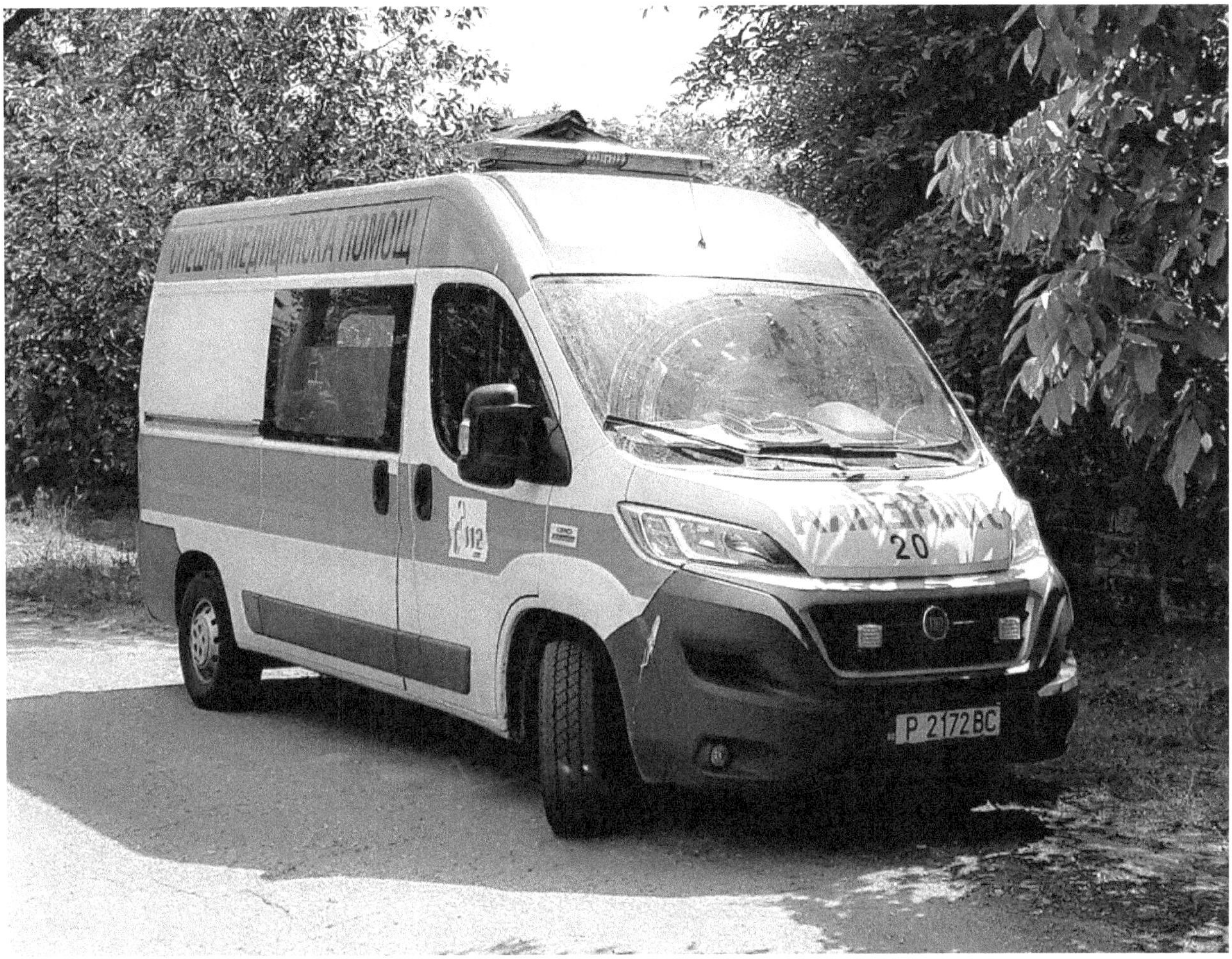
СПЕШНА МЕДИЦИНСКА ПОМОЩ
112
20
Р 2172 ВС

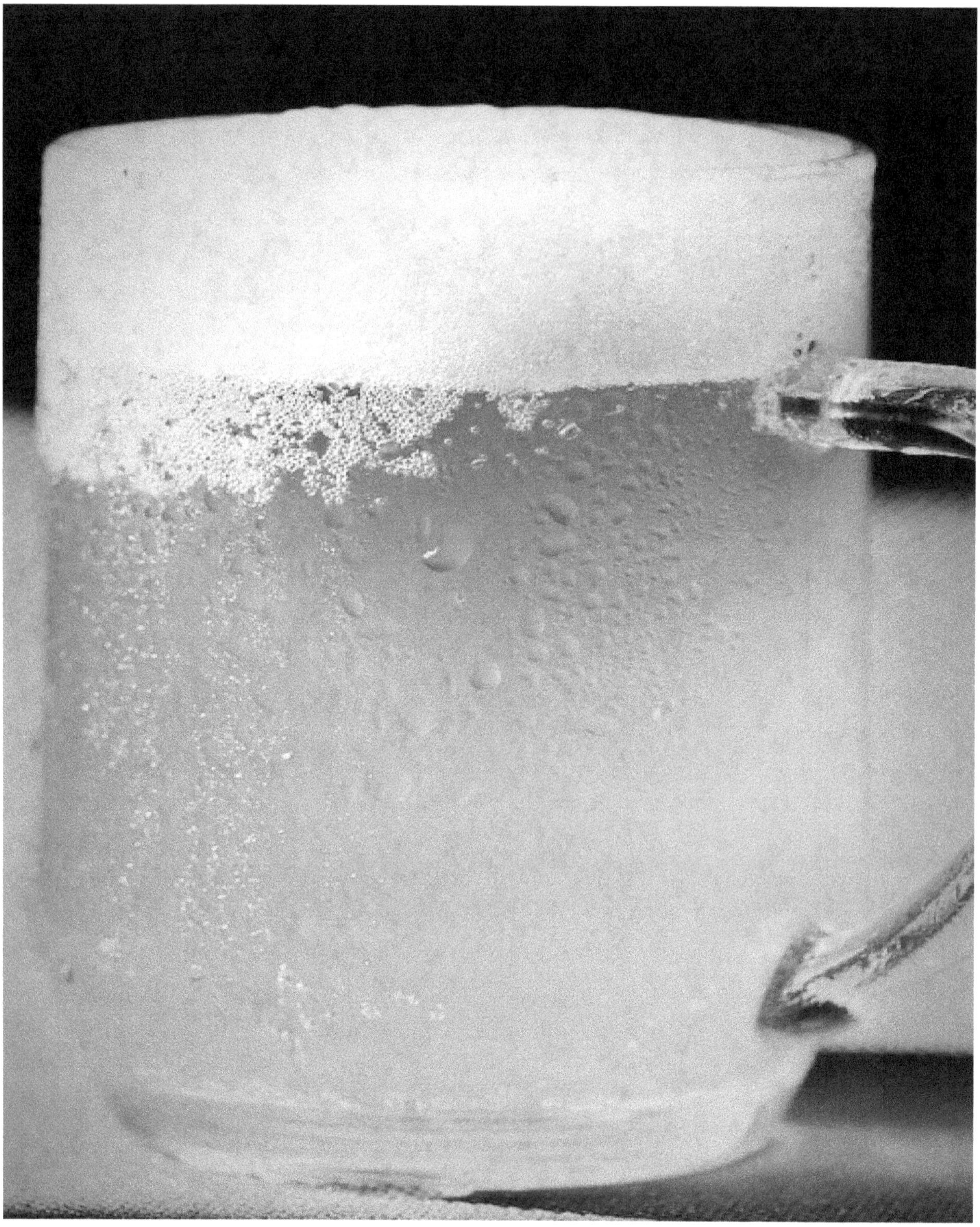

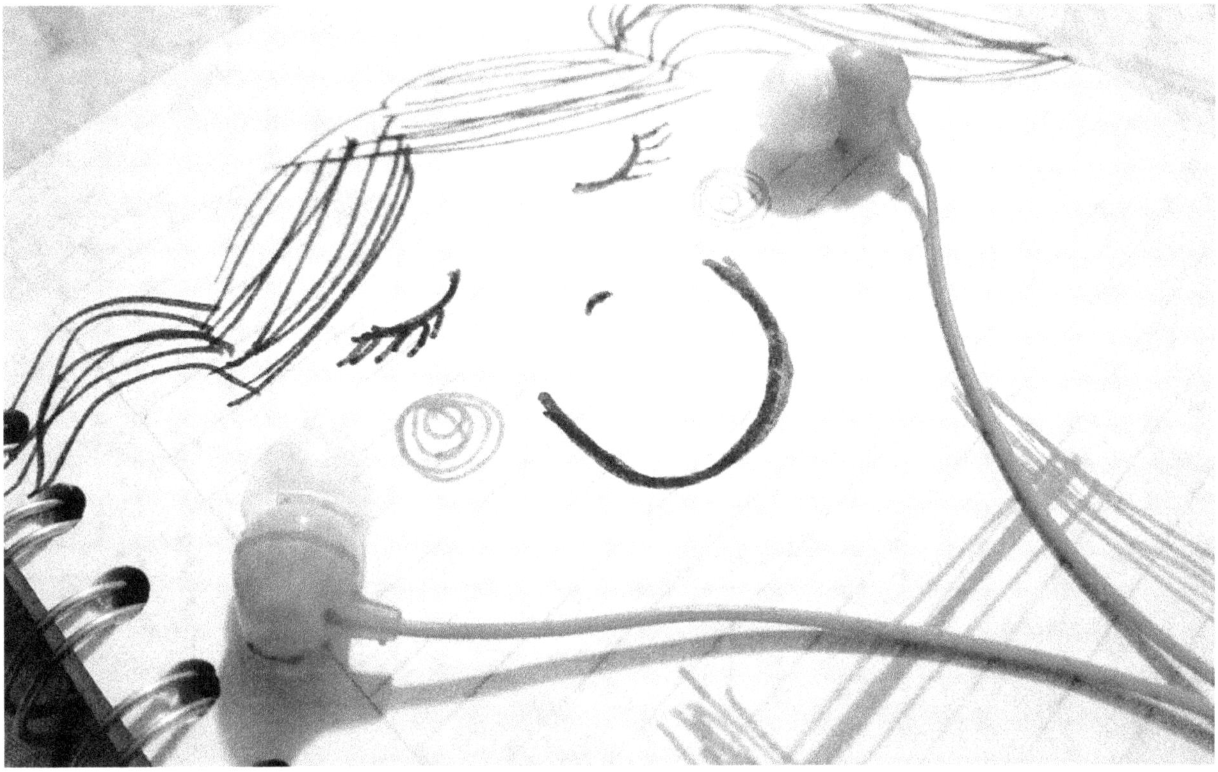

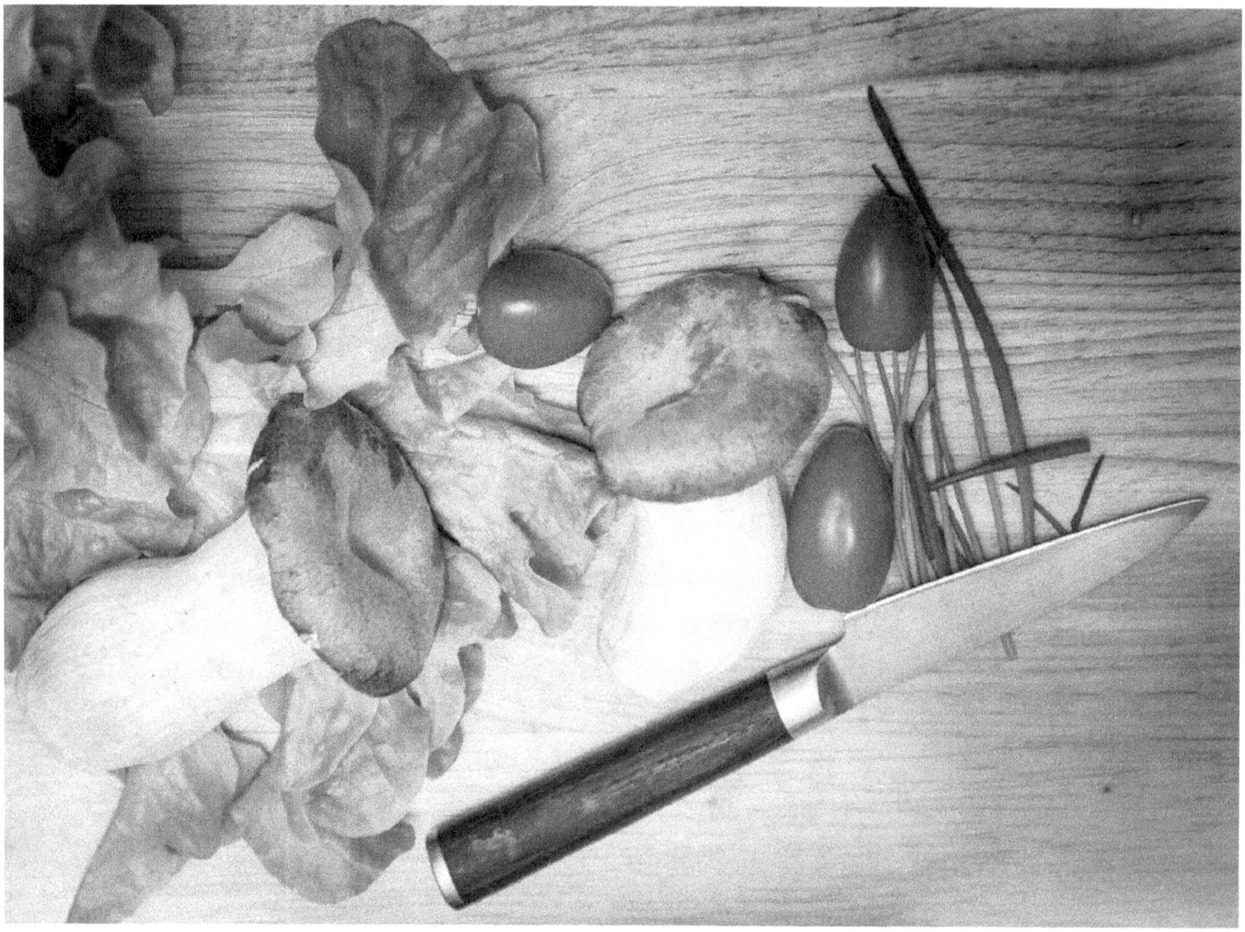

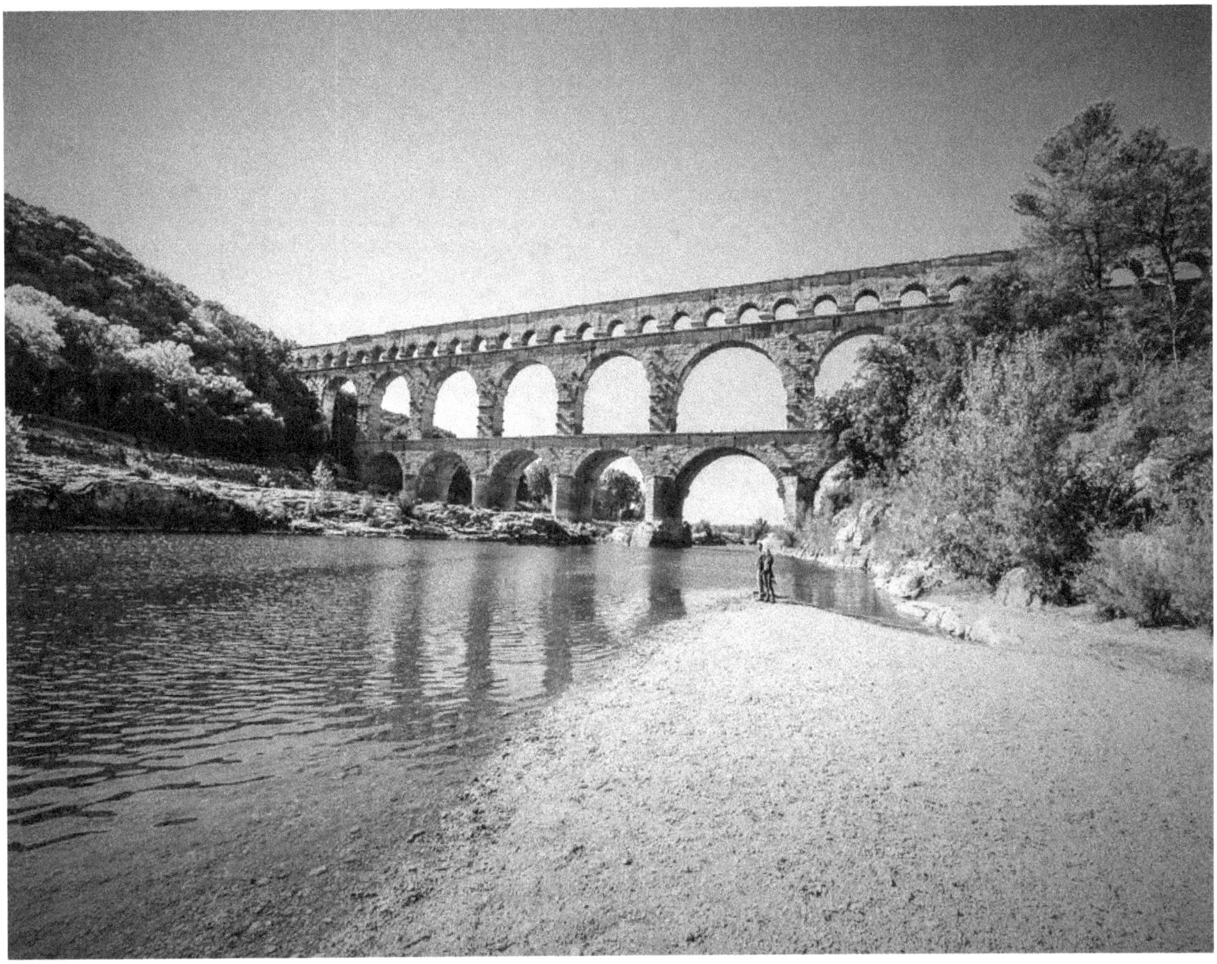

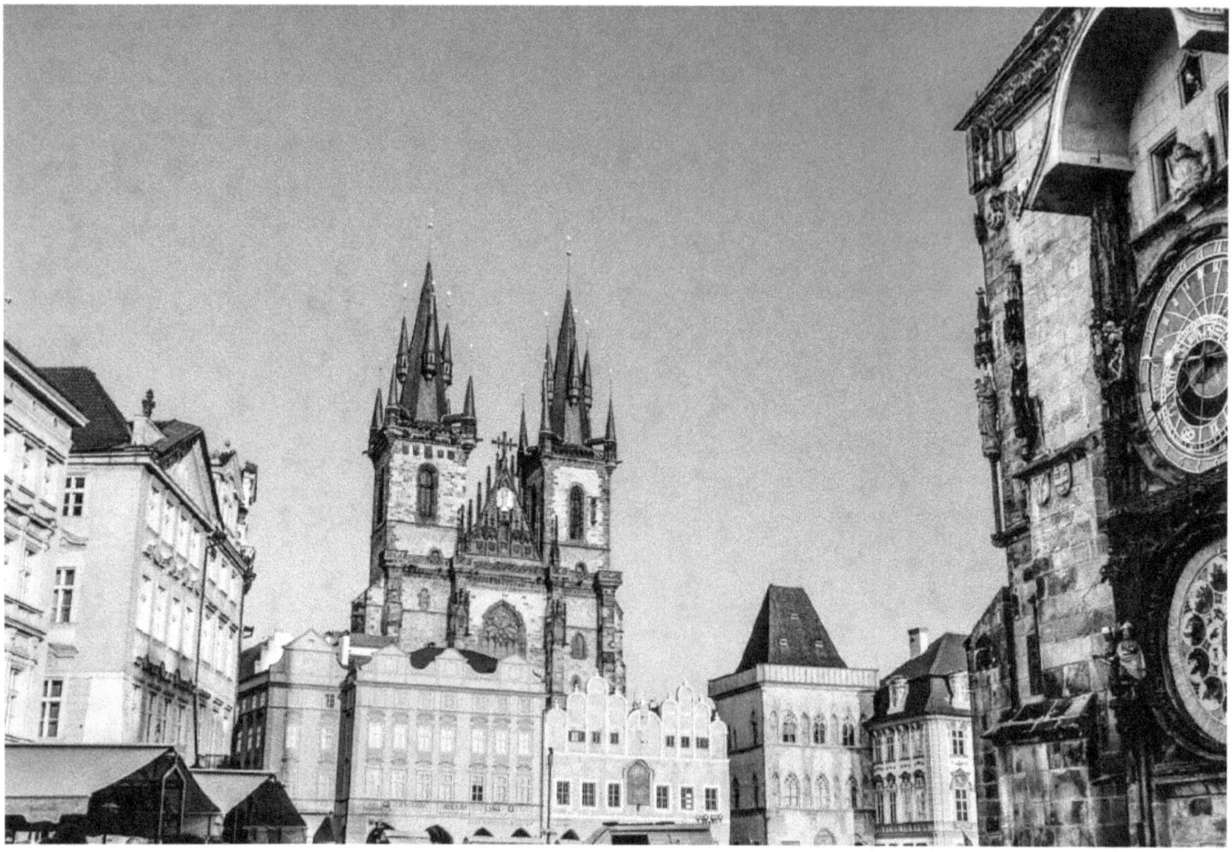

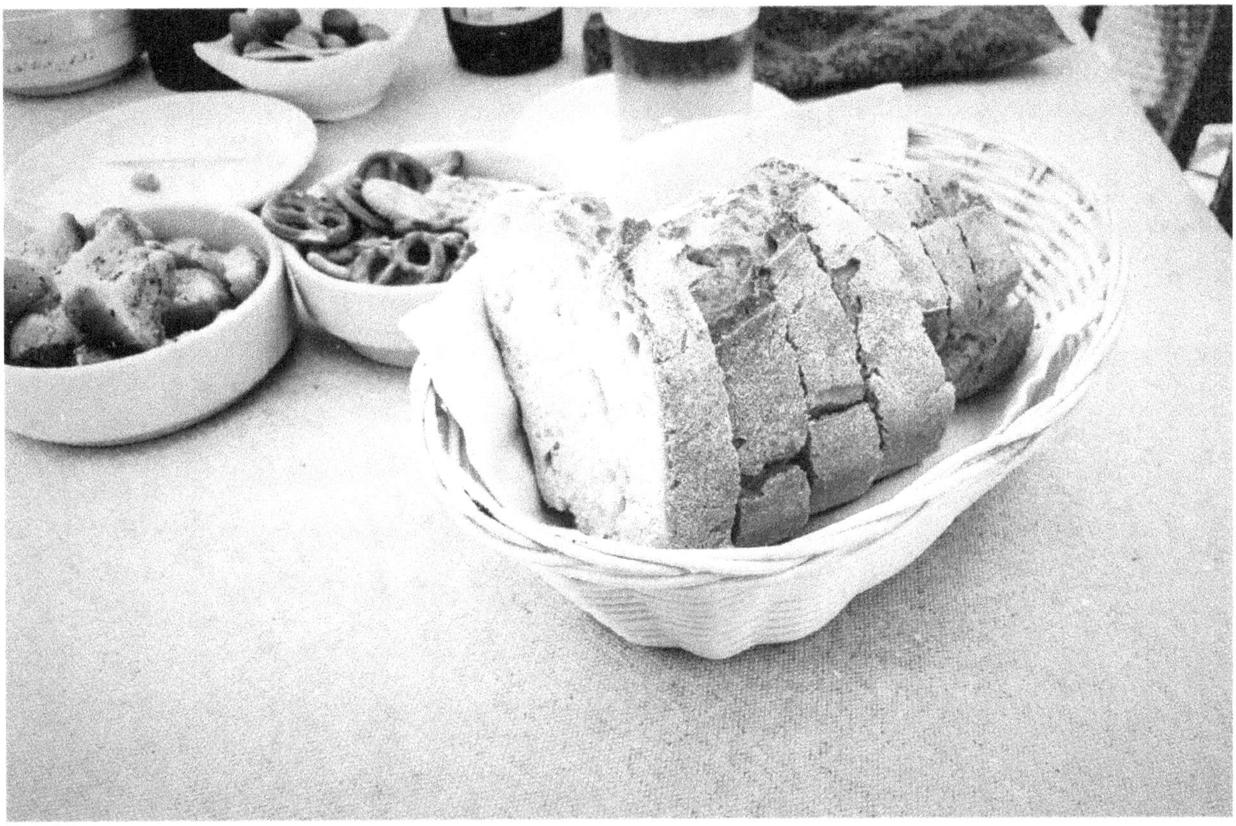

www.ingramcontent.com/pod-product-compliance
Lightning Source LLC
Chambersburg PA
CBHW081320180526
45170CB00007B/2793
9781546824107